WINTER-REZEPTE

aus dem
Norden

Jan Thorbecke Verlag

Inhalt

Sanddorn-Apfel-Smoothie

vegetarisch

Für 4 Gläser

2 Äpfel
1 Banane
80 ml Sanddornsaft
100 g Joghurt
4–5 EL Honig
ca. 400 ml Milch

❶ Die Äpfel waschen, vierteln, das Kerngehäuse herausschneiden und die Viertel in Stücke schneiden. ❷ Die Banane schälen, in Scheiben schneiden und mit dem Apfel, dem Sanddornsaft, dem Joghurt, dem Honig und der Milch im Mixer fein pürieren. In Gläser gefüllt servieren.

Geräucherte Rentiersuppe

Für 4 – 6 Personen

100 g geräucherter Rentier- oder Elchschinken / 1 Zwiebel / 1 Knoblauchzehe / 300 g mehligkochende Kartoffeln / 40 g Knollensellerie / 50 g Butter / 1 EL Mehl / 600 ml Fleischbrühe / 100 ml Sahne / Räuchersalz / Salz / weißer Pfeffer / Muskat / Zitronensaft / 1–2 EL Schnittlauchröllchen

❶ Den Schinken in schmale Streifen schneiden. Die Zwiebel und den Knoblauch schälen und hacken. Die Kartoffeln schälen, waschen und klein schneiden. Den Sellerie schälen und fein würfeln. ❷ Die Butter in einem Topf erhitzen und Zwiebeln, Knoblauch und Sellerie kurz darin anschwitzen. Die Kartoffeln und etwa ein Drittel des Schinkens untermischen, mit Mehl bestäuben und alles mit Brühe aufgießen. Zugedeckt ca. 15 Minuten leise köcheln lassen. ❸ Die Sahne angießen, die Suppe fein pürieren und mit Räuchersalz, Salz, Pfeffer, Muskat und Zitronensaft würzen und abschmecken. ❹ Die Suppe in Tassen anrichten, mit den übrigen Schinkenstreifen und den Schnittlauchröllchen bestreuen und servieren.

Kartoffel-Käse-Suppe mit Köttbullar

Für 4 Personen

1 kleine Zwiebel / 1 Ei / 50 ml Sahne / 2 EL Semmelbrösel / Salz /
Pfeffer aus der Mühle / 2 EL frisch gehackte Petersilie / 1 TL Zimtpulver /
1 Msp. gemahlene Gewürznelken / 600 g Hackfleisch /
Pflanzenöl zum Braten

❶ Die Zwiebel schälen und fein würfeln. Mit dem Ei, der Sahne, den Semmel-
brösen, Salz, Pfeffer, Petersilie, Zimt und Nelken in eine Schüssel geben und
gut verrühren. ❷ Etwa 10 Minuten ziehen lassen, dann das Hackfleisch un-
termengen. Aus der Masse kleine Bällchen formen und kalt stellen. ❸ Vor dem
Verzehr die Fleischbällchen in einer großen Pfanne im heißen Öl rundherum
5–6 Minuten goldbraun braten.

1 Zwiebel / 1 Knoblauchzehe / 50 g Knollensellerie /
200 g mehligkochende Kartoffeln / 2 EL Butter / 2 EL Mehl /
150 ml trockener Weißwein / ca. 700 ml Gemüsebrühe /
300 g gemischter Käse, z.B. Bergkäse, Gouda, Emmentaler /
100 ml Sahne / Salz / Pfeffer aus der Mühle /
2 TL Zitronensaft / 2 EL Preiselbeergelee /
Olivenöl zum Beträufeln / Dill zum Bestreuen

❶ Die Zwiebel, den Knoblauch, den Sellerie und die Kartoffeln schälen, die
Kartoffeln waschen und alles klein würfeln. Zusammen in heißer Butter
in einem Topf glasig anschwitzen. ❷ Mit dem Mehl bestäuben, mit Wein
und Brühe aufgießen und zugedeckt ca. 20 Minuten leise köcheln lassen.
Währenddessen die Fleischbällchen im heißen Öl rundherum 5–6 Minuten
goldbraun braten. ❸ Den Käse klein würfeln. Die Suppe vom Herd ziehen
und fein pürieren. Die Sahne zugeben und den Käse nach und nach unter
die Suppe rühren. Nach Bedarf noch Brühe ergänzen oder noch etwas ein-
köcheln lassen. Mit Salz, Pfeffer und Zitronensaft abschmecken. ❹ Die
Suppe in Teller geben und einige Fleischbällchen einlegen. Die Preiselbeeren
in die Suppe geben, alles mit Öl beträufeln und mit Dill bestreut servieren.

Chicorée-Cremesuppe mit Hering-Kartoffelsalat

Für 4 Personen

1 große festkochende Kartoffel (ca. 150 g) / Salz / 2 geräucherte Heringsfilets / 3 Zweige Thymian / 1 frisches Lorbeerblatt / 200 ml Milch / 550 g Chicorée / 30 g Butter / 1 l Hühnerbrühe / weißer Pfeffer aus der Mühle / 250 ml Sahne / 1 TL Speisestärke / 1 Zwiebel / Dill-spitzen zum Garnieren / feine Chiliflocken oder Chilipulver

❶ Die Kartoffel schälen, waschen, in ca. 1 cm große Würfel schneiden und in Salzwasser 10–15 Minuten garen, anschließend abgießen und abtropfen lassen. ❷ Die Heringsfilets klein würfeln. Thymian und Lorbeerblatt waschen. Die Milch mit dem Räucherhering, dem Thymian und dem Lorbeerblatt in einem Topf aufkochen, beiseite stellen und zugedeckt 10–15 Minuten ziehen lassen. ❸ Inzwischen den Chicorée waschen, putzen und in Stücke schneiden. In einem Topf die Butter erhitzen und den Chicorée darin hell anschwitzen. Die Brühe hinzufügen, salzen, pfeffern und ca. 15 Minuten köcheln lassen. ❹ Die Milch mit dem Hering durch ein Sieb passieren und die Hälfte mit der Sahne zu der Suppe geben. Alles mit dem Mixstab fein pürieren. Die Stärke mit etwas kaltem Wasser anrühren, in die Suppe geben und diese nochmals kurz aufkochen lassen. ❺ Die Zwiebel schälen und klein schneiden. Den restlichen Hering mit den Kartoffeln und den Zwiebel-stücken vermischen. ❻ Die Chicorée-Cremesuppe abschmecken, in Teller verteilen und jeweils ein Viertel der Kartoffel-Hering-Mischung in die Mitte geben. Die Suppe mit Dillspitzen garnieren und mit Chili bestreut servieren.

Apfel-Fisch-Salat mit Sesam

Für 4 Personen

400 g Kabeljaufilet
8 EL Zitronensaft
1 EL körniger Senf
Zucker
Kräutersalz
weißer Pfeffer
4 EL Rapsöl
2 rotbackige Äpfel
1 grüner Apfel
1–2 EL Sesamsamen

❶ Den Kabeljau abbrausen, trocken tupfen und die Gräten gegebenenfalls entfernen. Den Fisch mit 2 EL Zitronensaft beträufeln und im Dämpfer über kochendem Wasser ca. 8 Minuten zugedeckt garen. Herausnehmen und auskühlen lassen. ❷ Den restlichen Zitronensaft mit dem Senf verquirlen. Mit Zucker nach Geschmack, Kräutersalz und weißem Pfeffer verrühren. Das Öl unterquirlen und das Dressing abschmecken. ❸ Die Äpfel waschen, vierteln, das Kerngehäuse entfernen und das Fruchtfleisch in kleine Würfel schneiden. Den Fisch in Stücke zupfen. Behutsam mit den Äpfeln und dem Dressing mischen. In Schälchen anrichten und mit etwas Kräutersalz und dem im Mörser zerkleinerten Sesam bestreuen.

Chicoréesalat mit Rollmops und Paprikacreme

Für 4 Personen

250 g Chicorée
Salz
1 Prise Zucker
2 EL Pflanzenöl
2 EL Weißweinessig
12 saure Heringsfilets bzw. Rollmops ohne Füllung
1 Handvoll Schnittlauch
½ kleiner Rettich
100 g Crème fraîche
50 g geschlagene Sahne
2 TL edelsüßes Paprikapulver + etwas zum Bestreuen
Pfeffer aus der Mühle
Abrieb und Saft von 1 Bio Zitrone

❶ Den Chicorée in einzelne Blätter teilen, diese waschen, trocken schleudern und in einer Schüssel zusammen mit etwas Salz, Zucker, dem Öl und dem Essig marinieren. ❷ Die Heringsfilets auf ein Brett legen. Den Schnittlauch waschen und längs in drei Teile schneiden. Den Rettich waschen, schälen und in feine Streifen schneiden. Je 5–6 der Schnittlauchhalme und etwas von dem Rettich auf die Heringsfilets legen und aufrollen. Mit einem Holzspieß fixieren. ❸ Für den Dip die Crème fraîche zusammen mit der Sahne, dem Paprikapulver, etwas Salz und Pfeffer verrühren. Mit der Schale und dem Saft der Zitrone abschmecken. ❹ Eine kleine Schüssel oder Tasse bereitstellen, etwa 5 Blätter vom Chicorée aufrecht an den Rand stellen, jeweils 3 der Rollmops-Spieße in die Mitte legen. Etwas von dem Dip daraufgeben und mit dem Paprikapulver bestreut servieren.

Schichttörtchen mit Roter Bete, weißen Rüben und Körnern

vegetarisch

Für 4 Personen

300 g vorgekochte Rote Bete
300 g weiße Rüben
Salz
5 EL Traubenkernöl
3 EL Apfelessig
Pfeffer aus der Mühle
3 EL gemischte geröstete Körner,
z.B. Kürbiskerne, Sonnenblumenkerne, Leinsamen

❶ Die Rote Bete in etwa 5 mm dicke Scheiben schneiden und in eine Schüssel geben. ❷ Die weißen Rüben ebenso in 5 mm dicke Scheiben schneiden und in kochendem Salzwasser etwa 5 Minuten blanchieren, danach kalt abschrecken. Zu den Rote-Bete-Scheiben geben, mit dem Traubenkernöl, dem Essig, etwas Salz und Pfeffer etwa 1 Stunde marinieren. ❸ Danach jeweils etwa 3 Scheiben abwechselnd als Türmchen auf einem Teller aufeinanderschichten, mit den Körnern bestreuen und nach Belieben, z.B. mit einem Meerrettich-Sauerrahmdip, servieren.

Gravlax

Für 1 Lachsseite

1 Lachsseite (1–1,2 kg)
1 EL weiße Pfefferkörner
1 Handvoll Dill
60 g Meersalz
80 g Zucker

❶ Die Lachsseite waschen und sorgfältig mit Küchenpapier trocken tupfen. Die Pfefferkörner im Mörser grob zerstoßen. Den Dill abbrausen, trocken schütteln und die Spitzen fein hacken. ❷ Das Salz mit dem Zucker, dem zerstoßenen Pfeffer und dem Dill vermengen. Die Hälfte der Würzmischung in einer entsprechend großen Emailleform verteilen. Die Lachsseite auflegen und mit der übrigen Würzmischung bedecken. ❸ Die Form mit Frischhaltefolie verschließen und den Lachs im Kühlschrank 36–48 Stunden reifen lassen, dabei vier- bis fünfmal wenden. ❹ Den Lachs herausnehmen, die Salz-Zucker-Schicht entfernen und den Gravlax in dünne Scheiben geschnitten servieren.

Kümmel-Mille-feuille mit mariniertem Fisch

Für 4 Personen

FISCH

1 TL Fenchelsamen / ½ TL Pfefferkörner / ½ TL Wacholderbeeren / 1 TL Koriandersamen / 45 g grobes Meersalz / 45 g Zucker / Abrieb von 2 Bio-Zitronen / 1 Handvoll Petersilie / 1 Handvoll Dill / 8 frische Makrelenfilets à 120 g, küchenfertig mit Haut

AUSSERDEM

2 rote Zwiebeln / 50 ml Aceto balsamico bianco / 2 EL Zucker / 2 Rollen Blätterteig aus dem Kühlregal / 2 Eigelb / 2 EL Kümmel + etwas zur Dekoration / 1 TL rosa Pfefferbeeren

❶ Die Fenchelsamen, die Pfefferkörner, die Wacholderbeeren und die Koriandersamen zusammen mit dem Salz im Mörser fein zermahlen. In einer Schüssel mit dem Zucker mischen. Die Zitronen waschen, die Schale fein abreiben und zu der Mischung geben. Die Petersilie und den Dill waschen, trocken tupfen, hacken und mit zu der Gewürzmischung geben. ❷ Einen Durchschlag oder ein Gitter in eine rechteckige Form oder einen Bräter geben. Die Fische waschen, trocken tupfen und mit der Hautseite nach unten dicht aneinander darauflegen. Die Fische mit der Gewürzmischung bedecken und diese leicht andrücken. Die Flüssigkeit sollte nach unten in die Form abtropfen können. Mit Frischhaltefolie abdecken und im Kühlschrank 48 Stunden ziehen lassen. ❸ Die Zwiebeln schälen, halbieren und in feine Scheiben schneiden. Den Essig zusammen mit dem Zucker erhitzen und die Zwiebeln darin 10–15 Minuten ziehen lassen, danach abseihen und zur Seite stellen. ❹ Den Ofen auf 200 °C Ober- und Unterhitze vorheizen. ❺ Den Blätterteig abrollen, 12 spitze Rauten (etwa 12 cm Länge) herausschneiden und auf ein mit Backpapier belegtes Backblech legen. Das Eigelb mit etwas Wasser glattrühren, die Rauten damit bepinseln und mit dem Kümmel bestreuen. Für etwa 8 Minuten im Ofen goldgelb backen. Den Fisch aus dem Kühlschrank nehmen, mit kaltem Wasser gründlich abwaschen und trocken tupfen. Jeweils 3 der Rauten und 2 der Makrelenfilets auf einem Teller aufeinanderschichten, angefangen mit dem Blätterteig. Jeweils auf jedes Fischfilet ein paar der Zwiebeln geben. Ein paar rosa Beeren und etwas Kümmel drumherum verteilen und servieren.

Kaninchenterrine
mit Rotkohl

Für 4 Personen

1 küchenfertiges Kaninchen (ca. 2 kg) / 2 Zwiebeln / 3–4 junge
Knoblauchzehen / 4–5 EL Olivenöl / 250 g Rotkohl (Dose) /
100 ml eiskalte Sahne / 1 Ei / 1–2 cl Cognac / Salz / weißer Pfeffer /
1 Msp. gemahlener Piment / Cayennepfeffer / ½ TL fein abgeriebene
Bio-Zitronenschale

❶ Das Kaninchen abbrausen, trocken tupfen und entbeinen. Das Kaninchenfleisch in kleine Stücke schneiden. Die Zwiebeln und den Knoblauch schälen
und fein würfeln. In einer Pfanne 3–4 EL Öl erhitzen und die Zwiebel- und
Knoblauchwürfel darin hell anschwitzen. Das Kaninchenfleisch zufügen und
ca. 5 Minuten mitbraten, dann beiseite stellen und abkühlen lassen. Den Rotkohl in ein Sieb abgießen und abtropfen lassen. ❷ Den Backofen auf 200 °C
Ober- und Unterhitze vorheizen. Die Fettpfanne zu zwei Dritteln mit heißem
Wasser füllen. Eine Kastenform (ca. 25 cm) leicht ölen und mit Klarsichtfolie
ausschlagen. Etwa ein Drittel des ausgekühlten Kaninchenfleisches mit der
Sahne zu einer feinen Farce mixen. Die Farce mit dem Ei und dem Cognac
vermengen. Alles mit Salz, Pfeffer, Piment, Cayennepfeffer und Zitronen-
schale würzen. Die restliche Kaninchen-Zwiebel-Mischung nach Belieben
kleiner hacken und untermischen. ❸ Die Masse abschmecken, die Hälfte
in die Form füllen, mit der Hälfte des Rotkohls belegen, die restliche Kanin-
chenmasse darauf verteilen und alles mit Rotkohl abdecken. Die Terrine mit
Alufolie bedecken. Die Form im Wasserbad ca. 1 Stunde garen. Die Alufolie
entfernen und die Terrine weitere 40–45 Minuten backen. ❹ Herausnehmen,
die Terrine abkühlen lassen, erst dann aus der Form auf eine Platte stürzen
und die Folie entfernen. Zum Servieren in 4–5 cm breite Scheiben schneiden.

Hasselback-Kartoffeln

Für 4 Personen

1 ½ kg mittelgroße festkochende Kartoffeln
100 ml Milch
2 EL Butter
3–4 EL Olivenöl + Olivenöl für die Form
4 Zweige frischer Thymian und Rosmarin
2 Knoblauchzehen
60 g gehobelter Parmesan
Meersalz
Pfeffer aus der Mühle
3 rote Zwiebeln
5–6 frische Kräuterstängel,
z.B. Koriander oder Petersilie
Fleur de Sel

vegetarisch

❶ Die Kartoffeln gründlich waschen und abtropfen lassen. Alle Kartoffeln fächerartig ein-, aber nicht durchschneiden. Milch und Butter in einem großen Topf erhitzen, vom Herd nehmen und die Kartoffeln darin ca. 5 Minuten unter Wenden einlegen. Anschließend gut abtropfen lassen. ❷ Den Backofen auf 180 °C Ober- und Unterhitze vorheizen. Eine Ofenform mit Olivenöl ausfetten. Die Kartoffeln in die Form legen. Die Kräuter waschen, trocken schütteln und die Blättchen und Nadeln klein hacken. Den Knoblauch schälen und durch die Presse in ein Schälchen drücken. Mit den Kräutern und dem Olivenöl verrühren und das Knoblauch-Kräuter-Öl großzügig mit einem Pinsel auf die Kartoffeln (und in die Spalten) auftragen. Den gehobelten Parmesan ebenfalls in die Kartoffelfächer verteilen und alles mit Salz und Pfeffer übermahlen. ❸ Die Kartoffeln ca. 45 Minuten backen. Falls diese gegen Ende der Garzeit zu stark bräunen, mit Alufolie abdecken. Die Zwiebeln schälen und in feine Scheiben schneiden. Die Kräuterstängel abbrausen, trocken schütteln und die Blätter klein hacken. Die Zwiebelringe in die Kartoffelspalten verteilen. Die Backkartoffeln auf Teller verteilen und mit frischen Kräutern und Fleur de Sel bestreut servieren. Dazu passt ein Kräuterdip.

Rührei auf schwedische Art

Für 4 Personen

8 Eier
50 ml Sahne
Salz
Pfeffer aus der Mühle
200 g Räucherlachs
4 Scheiben Brot
2 EL Butter
Chilisalz
1–2 EL gehackte Dillspitzen

❶ Die Eier in eine Schüssel aufschlagen und mit der Sahne verquirlen, salzen und pfeffern. 4 Scheiben Räucherlachs beiseitelegen, den übrigen Lachs in Stücke schneiden. Die Brotscheiben toasten. ❷ In einer beschichteten Pfanne die Butter erhitzen, das verquirlte Ei eingießen und stocken lassen, dann zu Rührei zusammenschieben und die Räucherlachsstücke untermischen. Das Rührei in tiefen Tellern anrichten, mit Chilisalz und Dill bestreuen. ❸ Die gerösteten Brotscheiben jeweils mit einer Scheibe Räucherlachs belegen, mit Pfeffer übermahlen und zum Rührei servieren.

Gemüsgratin mit Steckrüben, Möhren und Hähnchen

Für 4 Personen

weiche Butter für die Form + 20 g Butter
600 g Steckrüben
400 g Möhren
3 Hähnchenbrustfilets (à ca. 120 g)
2–3 EL Rapsöl
2 Knoblauchzehen
Salz
300 ml Sahne
400 ml Milch
1 TL frisch gehackter Thymian
2 Eier
Pfeffer aus der Mühle
geriebener Muskat
150 g geriebener Käse, z.B. Gouda, Cheddar, Gruyère

❶ Den Backofen auf 200 °C Ober- und Unterhitze vorheizen. Eine Auflaufform mit Butter fetten. Die Steckrüben und Möhren putzen, schälen und in feine Scheiben hobeln oder schneiden. **❷** Die Hähnchenbrüste waschen, trocken tupfen und in einer Pfanne in Öl jeweils von beiden Seiten nur kurz goldbraun anbraten. Anschließend aus der Pfanne nehmen und in Scheiben schneiden. **❸** Den Knoblauch schälen und fein würfeln. Das Gemüse mit dem Hähnchen in die Form schichten, dabei jede Lage leicht salzen, mit Knoblauchwürfeln bestreuen. Die Sahne mit der Milch, dem Thymian und den Eiern verquirlen, mit Salz, Pfeffer und Muskat würzen und auf den Auflauf gießen. Alles mit Käse und Butterflöckchen bestreuen und im Ofen 40-45 Minuten garen.

Lachsfilet mit Perlgraupen im Wirsingblatt

Für 4 Personen

250 g Perlgraupen
2 l Gemüsebrühe
30 g flüssige Butter
Salz
Pfeffer aus der Mühle
½ TL edelsüßes Paprikapulver
8 große Wirsingblätter
Eiswasser
3–4 EL Sonnenblumenöl
4 geschuppte Lachsfilets mit Haut (à 130 g)
rosa Pfeffer zum Garnieren
Bubikopf-Basilikum zum Garnieren

❶ Die Graupen in der Gemüsebrühe aufsetzen und zum Kochen bringen. Etwa 30 Minuten kochen, abgießen und abtropfen lassen. Mit der flüssigen Butter vermischen und mit Salz, Pfeffer und Paprikapulver abschmecken. ❷ Den Wirsing waschen. Die dicken Blattadern der Wirsingblätter entfernen und die Blätter ca. 3 Minuten in kochendem Salzwasser blanchieren. Sofort in Eiswasser abschrecken und anschließend abtropfen lassen. Mit Küchenpapier trocken tupfen. Den Backofen auf 160 °C Ober- und Unterhitze vorheizen. ❸ Die Wirsingblätter mit den Graupen füllen. Dafür je ein Blatt in eine mittelgroße Suppenkelle legen und die Kelle mit Graupen auffüllen. Die überstehenden Blattenden über den Graupen einklappen und die Wirsingbällchen auf ein Backblech stürzen. Im vorgeheizten Backofen für ca. 15 Minuten garen. ❹ In der Zwischenzeit das Sonnenblumenöl in einer beschichteten Pfanne erhitzen. Die Lachsfilets waschen, trocken tupfen, salzen und pfeffern. Mit der Hautseite nach unten 5–7 Minuten braten. Einmal wenden und etwa 3 Minuten zu Ende braten. Den Lachs und die Wirsingbällchen auf Tellern verteilen und mit rosa Pfeffer und Bubikopf-Basilikum garnieren.

Hirsch mit Preiselbeersauce und Kartoffelstampf

Für 4 Personen

PREISELBEERSAUCE

1 EL Zucker / 5 EL frische Preiselbeeren / 50 ml trockener Rotwein /
50 ml Birkensaft (Internet oder Reformhaus) / 250 ml Wildfond /
1 TL Wacholderbeeren / 3 Körner Piment / 1 Zweig Rosmarin / etwas
Speisestärke zum Abbinden / Salz / Pfeffer aus der Mühle

STAMPF

850 g mehligkochende Kartoffeln / Salz / 2 EL Butter / 1 EL Olivenöl /
1 Prise gemahlene Muskatnuss

STEAKS

4 Steaks aus der Hirschhüfte (à 160–180 g) / Salz / Pfeffer / 2 EL Pflanzenöl / 1 Zweig Thymian / 2 EL Butter / einige feine Zweige Thymian
zur Dekoration

❶ Den Zucker mit etwas Wasser in einem Topf karamellisieren lassen, dann die Preiselbeeren dazugeben und das Ganze mit dem Rotwein, dem Birkensaft und dem Wildfond ablöschen. ❷ Die Wacholderbeeren andrücken und mit dem Piment in einem Teesieb zugeben und mitkochen lassen. Den Rosmarin ergänzen und die Sauce etwa um die Hälfte reduzieren. ❸ Nach Bedarf mit etwas in kaltem Wasser angerührter Speisestärke abbinden. Mit Salz und Pfeffer abschmecken und das Teesieb sowie den Rosmarin entfernen. ❹ Die Kartoffeln waschen, schälen und in Salzwasser ca. 30 Minuten weich kochen. Danach abgießen und noch heiß mit der Butter, dem Olivenöl und der Prise Muskatnuss stampfen. Mit Salz abschmecken. ❺ Den Ofen auf 100 °C Ober- und Unterhitze vorheizen. ❻ Die Steaks mit kaltem Wasser abwaschen, gut trocken tupfen, salzen, pfeffern und in etwas Pflanzenöl auf jeder Seite etwa 1 Minute scharf anbraten. Den Thymian und die Butter dazugeben und zerlaufen lassen. Die Steaks damit mehrmals übergießen und anschließend in den Ofen auf ein Backgitter legen. Für etwa 12 Minuten im Ofen lassen. Mit Stampf und Sauce anrichten und mit Thymian dekorieren.

Nordische Kräutermayonnaise mit Preiselbeeren

vegetarisch

Für 4 Personen

1 Eigelb
1 TL Senf
½ TL Zucker
Saft und Abrieb von ½ Bio-Zitrone
ca. 100 ml Rapsöl
50 g Schmand
2 hart gekochte Eier
1–2 Handvoll frische
Kräuter, z.B. Dill, Petersilie, Schnittlauch
2 EL Preiselbeeren aus dem Glas
Salz
Pfeffer aus der Mühle

❶ Das Eigelb mit dem Senf, dem Zucker und dem Zitronensaft verrühren. Weiterrühren und das Öl in einem dünnen Strahl einlaufen lassen. Die Masse dabei zu einer Mayonnaise verschlagen. Mit dem Schmand verrühren. ❷ Die Eier pellen und hacken. Die Kräuter waschen, trocken schütteln und fein hacken. Gehackte Eier, Kräuter, Preiselbeeren und Zitronenabrieb unter die Mayonnaise rühren und mit Zitronensaft, Salz und Pfeffer abschmecken. Die Mayonnaise beispielsweise zu Lachs oder als Dip zu Raclette oder Fondue servieren.

Skandinavische Beerensuppe mit Vanilleeis

vegetarisch

Für 4 Personen

200 g Blaubeeren
100 g schwarze Johannisbeeren
100 g Brombeeren
1 EL Zucker
100 ml Apfelsaft
3–4 EL Zitronensaft
1 EL Ahornsirup oder nach Geschmack
Vanilleeis zum Servieren
Waffelröllchen zum Garnieren
Minze zum Garnieren

❶ Die Beeren mit dem Zucker und dem Apfelsaft in einen Topf geben und einmal aufkochen. Vom Herd ziehen, mit dem Mixer pürieren und nach Belieben durch ein Sieb streichen. Mit Zitronensaft und Ahornsirup abschmecken und lauwarm auskühlen lassen. ❷ Zum Servieren in Suppentassen verteilen, je eine Kugel Vanilleeis hineingeben und mit Waffelröllchen und Minze garniert servieren.

Apfel-Brombeer-Kompott

vegetarisch

Für 4 Personen

4 Äpfel
250 g Brombeeren
100 g Zucker
50 ml weißer Portwein
50 ml Apfelsaft
Mark von 1 Vanilleschote
1 Stück Zimtrinde
½ Tonkabohne
Schale von 1 Bio Orange

1 Die Äpfel waschen, schälen, vierteln, das Kerngehäuse entfernen und die Viertel in ca. 1 cm große Würfel schneiden. Die Brombeeren waschen und verlesen. **2** In einem Topf den Zucker mit 4 EL Wasser karamellisieren lassen. Anschließend die Apfelstücke und die Brombeeren dazugeben und mit Portwein und dem Apfelsaft ablöschen. Das Mark der Vanilleschote dazugeben, die Zimtrinde, die Tonkabohne und die Schale der Orange ergänzen. **3** Etwa 10–15 Minuten einkochen lassen, den Zimt, die Tonkabohne und die Orangenschale entfernen und das Kompott abkühlen lassen. **4** In Gläsern anrichten und servieren. Dazu nach Belieben eine Kugel Eis servieren.

Schwedischer Apfelkuchen

125 g weiche Butter + etwas zum Fetten der Form
100 g Zucker
2 EL Vanillezucker
2 Eier
1 Eigelb
150 g Mehl
50 g Speisestärke
1 EL Backpulver
1 Prise Salz
1 TL gemahlener Zimt
3 Äpfel
Saft von ½ Zitrone
Puderzucker zum Bestäuben
4–5 EL Sahne zum Beträufeln

vegetarisch

❶ Den Backofen auf 180 °C Ober- und Unterhitze vorheizen. Den Boden der Springform mit Backpapier belegen, den Rand mit Butter fetten. Die weiche Butter mit dem Zucker und dem Vanillezucker weißcremig rühren. ❷ Die Eier und das Eigelb einzeln unterrühren. Das Mehl mit der Speisestärke, dem Backpulver, dem Salz und dem Zimt vermischen, unterrühren und alles zu einem glatten Teig verrühren. ❸ Die Äpfel schälen, vierteln, vom Kerngehäuse befreien und in Spalten schneiden. ❹ Den Teig in die vorbereitete Form füllen, glatt streichen, ringförmig mit Apfelspalten belegen und diese etwas in den Teig drücken. Den Kuchen im Ofen ca. 30 Minuten backen (Stäbchenprobe machen!). Herausnehmen und den Kuchen abkühlen lassen. Vor dem Servieren mit Puderzucker bestäuben und mit Sahne beträufeln.

Dänischer Kuchen

Für 1 rechteckige Kuchenform (ca. 33 × 24 cm)

vegetarisch

200 g Zartbitterkuvertüre
200 g Butter
5 Eier
250 g Zucker
120 g Mehl
300 g Frischkäse
100 g Mascarpone
2 EL Vanillezucker

❶ Den Backofen auf 180 °C Ober- und Unterhitze vorheizen. Eine rechteckige Backform mit Backpapier auslegen. ❷ Die Kuvertüre hacken, mit der Butter in einer Metallschüssel über einem heißen Wasserbad schmelzen und kurz abkühlen lassen. 3 Eier mit 150 g Zucker schaumig rühren. Das Mehl dazusieben und unterrühren. Mit der Schokolade vermischen. ❸ Den Frischkäse mit dem Mascarpone, dem übrigen Zucker, dem Vanillezucker und den restlichen Eiern glatt rühren. Ein Viertel der Schokoladenmasse in die vorbereitete Form füllen und glatt streichen. Die Frischkäsemasse einfüllen und mit der restlichen Schokoladenmasse bedecken. ❹ Die Teigschichten mit einem Löffel nur leicht verziehen und den Teig mit einem wellenförmigen Muster versehen. Den Kuchen im Ofen 40–45 Minuten backen (Stäbchenprobe machen!). Herausnehmen, in der Form abkühlen lassen und in Stücke geschnitten servieren.

Rustikale Blaubeertarte

Für eine Tarte

TEIG

150 g Buchweizenmehl
150 g Weizenmehl Type 550 + etwas zum Arbeiten
1 TL Johannisbrotkernmehl
50 g Zucker
1 Prise Salz
150 g Butter
1 Ei

vegetarisch

AUSSERDEM

400 g Heidelbeeren
5 EL Heidelbeerkonfitüre
3 EL brauner Zucker

❶ Für den Teig die trockenen Zutaten vermischen und die Butter in kleinen Stücken darüber verteilen. Alles zu Bröseln verarbeiten, mit dem Ei und 3-4 EL Wasser zu einem glatten Teig verkneten. Als Kugel in Frischhaltefolie einschlagen und im Kühlschrank ca. 1 Stunde kalt stellen. ❷ Den Backofen auf 200 °C Ober- und Unterhitze vorheizen. Ein Backblech mit Backpapier auslegen. ❸ Die Beeren waschen, abtropfen lassen und mit einem Küchentuch trocken tupfen. ❹ Den Teig auf bemehlter Fläche rund und im Durchmesser von ca. 30 cm ausrollen. Auf das Backpapier legen und den Teig mit der Konfitüre bestreichen. Dabei ca. 4 cm Rand lassen. Mit den Beeren belegen und die freien Teigränder über die Beeren einschlagen. Die Früchte mit dem braunen Zucker bestreuen und im Ofen 25–30 Minuten backen. Abkühlen lassen und servieren.

Streuselschnitten mit Sanddorn und Schmand

 *vegetarisch*   *Für 24 Stücke*

STREUSEL

650 g Weizenmehl / 1 Pk. Puddingpulver mit Vanille-Geschmack / 250 g brauner Zucker / ½ gestrichener TL Salz / 2 gestrichene TL Backpulver / 300 g zimmerwarme Butter / 1 TL Vanillemark / 2 Eier Größe M

BELAG

750 g Schmand oder Sauerrahm / 250 g Joghurt (1,5 % Fett) / 4 Pk. Gelatine fix für je 250 ml Flüssigkeit / 225 g Sanddornkonfitüre / 75 ml Zitronensaft / 1 TL geriebene Bio-Zitronenschale / 60 g Puderzucker / 250 g Schlagsahne (mind. 30 % Fett) / Puderzucker zum Bestäuben

❶ Mehl, Puddingpulver, Zucker, Salz und Backpulver in einer großen Rührschüssel mischen. Die Butter und das Vanillemark verrühren. Die Eier verschlagen, mit der Vanillebutter in Stückchen zur Mehlmischung geben. Die Zutaten mit dem Mixer (Knethaken) zunächst kurz auf niedrigster, dann auf höchster Stufe zu mittelgroßen Streuseln verkneten. Die Teigstreusel mindestens 30 Minuten in den Kühlschrank stellen. ❷ Den Backofen in der Zwischenzeit auf 180 °C Ober- und Unterhitze vorheizen. ❸ Auf ein mit Backpapier belegtes Backblech einen Backrahmen in der Größe von 35 × 28 cm stellen. Die Hälfte der Streusel gleichmäßig in dem Backrahmen verteilen und zu einem Boden andrücken. Restliche Streusel auf einem zweiten mit Backpapier belegten Backblech verteilen. Den Boden und die Streusel nacheinander in 22–25 Minuten goldbraun und knusprig backen. Auf Kuchenrosten erkalten lassen. ❹ Für den Belag den Schmand mit dem Joghurt und 2 Päckchen Gelatine fix mit dem Mixer in einer großen Schüssel verschlagen. Die Konfitüre mit dem Zitronensaft und der -schale sowie dem Puderzucker verrühren und gut unter die Schmandmasse schlagen. Die Sahne mit dem Mixer steif schlagen, restliches Gelatine fix nach und nach einrieseln lassen. Die Sahne unter die Schmandmasse heben. ❺ Die Creme auf dem Streuselboden glatt verstreichen. Mit Frischhaltefolie belegt mindestens 3 Stunden in den Kühlschrank stellen. ❻ Den Backrahmen lösen und entfernen. Den Kuchen in Portionsstücke schneiden. Die Streusel von dem zweiten Backblech grob zerbröseln und daraufstreuen. Mit Puderzucker bestäubt servieren.

Lussekatter – Schwedisches Hefegebäck mit Safran

Für 12–15 Stück

vegetarisch

ca. 500 g Mehl
ca. 200 ml Milch
1 Msp. gemahlener Safran
75 g Butter
75 g Zucker
½ Würfel frische Hefe (21 g)
2 Eier
ca. 60 g Rosinen
1 Eigelb zum Bepinseln

❶ Das Mehl in eine Schüssel sieben und in die Mitte eine Mulde drücken. Die Milch mit dem Safran, der Butter, dem Zucker und der zerbröselten Hefe in einem Topf erwärmen (nicht kochen). Die Hefemilch in die Mulde gießen und mit den Eiern zu einem glatten Teig kneten. Den Teig mit etwas Mehl bestäuben, mit einem Küchentuch bedecken und an einem warmen Ort ca. 1 Stunde gehen lassen. ❷ Den Backofen auf 180 °C Ober- und Unterhitze vorheizen. ❸ Den Teig in 4 Portionen teilen und diese zu ca. 2 cm dünnen Strängen formen. Ca. 15 cm lange Stücke abschneiden und s-förmig zusammenrollen. Auf ein mit Backpapier belegtes Backblech legen und abgedeckt nochmals ca. 20 Minuten gehen lassen. ❹ Auf jedes Ende eine Rosine stecken, den Teig mit Eigelb bestreichen und im vorgeheizten Backofen 20–25 Minuten goldgelb backen.

Finnische Weihnachtssterne

Für 6 Stück

vegetarisch

1 Rolle Blätterteig aus dem Kühlregal
100 g Pflaumenkonfitüre
50 g Marzipanrohmasse
Sahne zum Bepinseln
Puderzucker zum Bestäuben

1 Den Backofen auf 210 °C Ober- und Unterhitze vorheizen. **2** Den Blätterteig entrollen und in 6 Quadrate schneiden. Jedes Quadrat von den Ecken her zur Mitte hin 4–5 cm tief einschneiden. Die Pflaumenkonfitüre glatt rühren, ggf. feinmixen und dann mit der Marzipanrohmasse verrühren. Die Masse in der Mitte der Teigquadrate verteilen. An jedem Teigeinschnitt eine Ecke zur Mitte hin umlegen und leicht andrücken. Die Teigoberfläche dünn mit Sahne einpinseln. **3** Die Teiglinge auf ein mit Backpapier belegtes Blech setzen und im heißen Ofen ca. 15 Minuten goldbraun backen. Herausnehmen, lauwarm oder kalt auskühlen lassen, mit Puderzucker bestäuben und servieren.

Korvapuusti – finnische Zimtschnecken

 *vegetarisch*   *Für 12–15 Stück*

TEIG

ca. 500 g Mehl + etwas zum Arbeiten / ½ Würfel Hefe (21 g) /
ca. 250 ml lauwarme Milch / 60 g Zucker / 2 Eier /
60 g weiche Butter / 1 Prise Salz

FÜLLUNG

1 EL Vanillezucker / 60 g Zucker / 2 TL Zimtpulver /
50 g Butter / 100 g Pecannüsse / 1 Ei /
Hagelzucker zum Bestreuen (optional)

❶ Für den Teig das Mehl in eine Schüssel sieben und in die Mitte eine Mulde drücken. Die Hefe hineinbröckeln. Die lauwarme Milch zugießen und mit 1 EL Zucker und ein wenig Mehl verrühren. Den Vorteig abgedeckt ca. 15 Minuten gehen lassen. Anschließend den restlichen Zucker, die Eier, die Butter in Stücken und das Salz zum Vorteig geben und zu einem glatten Teig verkneten, der sich vom Schüsselrand löst. Nach Bedarf die Mehlmenge leicht variieren. Abgedeckt etwa 45 Minuten gehen lassen. ❷ Für die Füllung den Vanillezucker mit dem Zucker und Zimt vermengen. Die Butter schmelzen lassen. Die Nüsse grob hacken. ❸ Den Backofen auf 180 °C Ober- und Unterhitze vorheizen. ❹ Den Teig auf bemehlter Arbeitsfläche nochmals gut durchkneten und zu einem Rechteck ausrollen. Mit flüssiger Butter bestreichen, mit den gehackten Nüssen sowie dem Zimtzucker bestreuen. Das Rechteck nun zweimal in die gleiche Richtung falten. In ca. 2 cm dicke Scheiben schneiden und diese jeweils nochmals fast durchschneiden. Jeden der beiden Stränge etwas in sich eindrehen, dann miteinander verknoten und zu einem Brötchen zusammenstecken. Die Zimtschnecken auf ein mit Backpapier belegtes Backblech legen. ❺ Das Ei verquirlen und die Schnecken damit bestreichen. Nach Belieben noch mit Hagelzucker bestreuen und für ca. 30 Minuten gehen lassen. Anschließend im Ofen ca. 20 Minuten goldbraun backen. Aus dem Ofen nehmen und auf einem Kuchengitter auskühlen lassen.

Ebelskiver –
dänische Krapfen mit
Himbeergelee

vegetarisch

Für 25 Stück

3 Eier
400 ml Buttermilch
250 g Mehl
½ TL Backpulver
1 EL Zucker
¼ TL Salz
Butter für die Pfanne
Himbeergelee zum Füllen
Puderzucker zum Bestäuben
frische Himbeeren (optional)

AUSSERDEM

Ebelskiver-Pfanne oder eine gusseiserne Pförtchenpfanne
(Krapfenpfanne)

❶ Die Eier trennen. Die Eigelbe mit der Buttermilch, dem Mehl, dem Backpulver, dem Zucker und dem Salz kräftig verrühren. Ca. 20 Minuten ausquellen lassen. ❷ Die Eiweiße steif schlagen und unterheben. Die Pfanne erhitzen, buttern und die Vertiefungen zu drei Vierteln mit Teig ausgießen. Bei mittlerer Temperatur ausbacken. Mit einem Holzstäbchen wenden, sobald sich an der Pfanne eine Kruste gebildet hat. Wiederholen, bis alle Ebelskiver gebacken sind. ❸ Die Krapfen nach Belieben mithilfe eines Spritzbeutels mit langer, dünner Tülle mit Marmelade füllen und mit Puderzucker bestäubt servieren. Alternativ waagerecht aufschneiden und mit dem Himbeergelee bestreichen sowie mit frischen Himbeeren belegen und mit Puderzucker bestäubt servieren.

Upside-Down-Muffins mit Preiselbeeren

FÜR 12 STÜCK

150 g Preiselbeeren oder Cranberrys (z.B. TK)
200 g Zucker
2 EL Butter + etwas für das Blech
3 Eier
150 ml Pflanzenöl
120 ml Sahne
200 g Mehl
80 g gemahlener Mandeln
1 TL Backpulver
Mark von ½ Vanilleschote
1 Prise Salz

vegetarisch

❶ Die Preiselbeeren waschen, abtropfen lassen und grob hacken. In einer Pfanne 40 g Zucker und 2 EL Butter schmelzen lassen. Die Preiselbeeren zufügen und 5–10 Minuten unter gelegentlichem Rühren karamellisieren. ❷ Den Backofen auf 180 °C Ober- und Unterhitze vorheizen. Ein Muffinblech mit Butter fetten. Die Preiselbeermischung in die Vertiefungen des Blechs verteilen. Die Eier mit dem restlichen Zucker schaumig schlagen. Nach und nach das Öl unterrühren und die Sahne untermischen. Das Mehl mit den Mandeln, dem Backpulver, dem Vanillemark und dem Salz vermischen. Die Mehlmischung unter die Eimasse rühren und den Teig in die Förmchen geben. ❸ Das Blech in den Ofen geben und die Muffins 20–25 Minuten backen (Stäbchenprobe). Herausnehmen, die Muffins im Blech abkühlen lassen, anschließend auf Teller stürzen und mit der Preiselbeerseite nach oben servieren.

VERLAGSGRUPPE PATMOS

PATMOS
ESCHBACH
GRUNEWALD
THORBECKE
SCHWABEN
VER SACRUM

Die Verlagsgruppe
mit Sinn für das Leben

Für die Verlagsgruppe Patmos
ist Nachhaltigkeit ein wichtiger
Maßstab ihres Handelns. Wir
achten daher auf den Einsatz
umweltschonender Ressourcen
und Materialien.

Alle Rechte vorbehalten
© 2019 Jan Thorbecke Verlag
Verlagsgruppe Patmos in der
Schwabenverlag AG, Ostfildern

Gestaltung: Finken & Bumiller,
Stuttgart
Rezepte: Stockfood Rezepte Service
Druck: Firmengruppe APPL, aprinta
druck, Wemding
Hergestellt in Deutschland
ISBN 978-3-7995-1340-1